문학사랑시인선
65

나는 왜 눈물이 없을까

임강빈
유고시집

국립중앙도서관 출판예정도서목록(CIP)

나는 왜 눈물이 없을까 : 임강빈 유고시집 / 지은이: 임강빈
. -- 대전 : 오늘의문학사, 2019
    p. ;   cm. -- (문학사랑시인선 ; 65)

ISBN 978-89-5669-979-0 03810 : ₩12000

한국 현대시[韓國現代詩]

811.62-KDC6
895.714-DDC23   CIP2019000263

나는 왜 눈물이 없을까

임강빈 유고시집

오늘의문학사
2019

일러두기
본문에서 하단이나 상단의 ') '는 '단락 공백 기호'로, 다음 쪽에서 한 연이 새로 시작한다는 표시임.

| 시인의 육필 |

집 한 채

　　　　　　임 강 빈

하얀 길이
다 끝나지 않은 곳에
집 한 채
쓰러질 듯 서 있다

담도 대문도 없는
이 집 주인은 누구일까
신록에 싸여
오히려 고대광실이다

멀리 뻐꾸기가
한데 어울린다
허술한 집 한 채
꿈 속 궁전 같다

| 차례 |

시인의 육필　　5

제1부
1997. 10. ~ 2000. 05. 미발표 시

비켜서 가라	12
늑골	13
좀도둑	14
비	15
꿈	16
이름짓기	17
고향	18
귀엣말	19
매미소리	20
하늘	21
할아버지	22
까치집	23
가락	24
시래기	25
가을 산견	26
흔들의자에서	27
후회	28

제2부
2000. 06. ~ 2002. 10. 미발표 시

하늘	30
등을 긁으며	31
도마뱀	32
쓰레기매립장	33
적설	34
눈꽃	35
꽃상여	36
단상	37
가지치기	46
기다림	47
만용	48
외등	49
외할머니	50
생략	51
여름 가랑잎	52

제3부
2002. 11. ~ 2004. 06. 미발표 시

노염	54
호박꽃	55
낮은 목소리	56
새벽	57
감나무	58
봉선화	59
뻥튀기	60
박용래 시비에서	61

형이하학 62
살아가는 법 63
씁쓸한 기억 64
햇살을 말린다 65
채플린 선생 66
도공의 손 67
환장하겠네 68
시력 69
점과 선 70

제4부
2004. 07. ~ 2007. 06. 미발표 시

귀소 72
김대현 시인 73
아무나 쉽게 할 수 없는 길입니다 ―초정 김상옥 선생 74
다능한 재인 최문휘 76
아집 78
술에 대하여 79
보리밭 추억 80
회복 중 82
입추 무렵 83
마당 84
물방개 85
무일푼 86
소일 87
도마뱀 88
냄새 89
나무늘보 90

사전류	92
철새 떼	94
메밀꽃	95
병원에서	96
동물원에서	97
코스모스	98
이 가을에	99
가을 스케치	100
바다	101
습관	102
나비넥타이	103
한 그루 나무	104
N.G.	106
첫사랑	107
배꼽	108
시를 쏟다	109
대전의 노래	110

제5부
2007. 07. ~ 2016. 05. 미발표 시

푯말	112
낙서	113
세수를 하며	114
대화	115
로맨스	116
눈물 한 점	117
욕	118
제비꽃	119

더 힘차게 펄럭이거라 ─〈중도일보〉창간 56주년에 120
무량사 매미 소리 122
동행 123
선반과 여행가방 124

제6부
2016. 05. ~ 2016. 06. 발굴시

미싱을 돌리며 127
마을 129
주량 131
첫걸음 133
시집보낸다 135
첩첩산에 오르다 137
별명 139
구름과 함께 141
코스모스에게 143
곡선 145
짧은 통화 147

발문 ‖ 황희순 148

제1부

1997. 10. ~ 2000. 05. 미발표 시

비켜서 가라

산등성이 너머로
마른번개
먼 천둥소리

심술인가 했는데
사납게
먹구름이 몰려온다

암석을 뚫는
공사장의 드릴소리
맺힌 땀방울

허수아비도
함께 지키고 있는
이 황금빛 들판

찌찌
실베짱이가 놀고 가도록
이 땅을 비켜서 가라

늑골 肋骨

방바닥에
벌렁 누워서 천장을 응시한다
퇴색한 벽지 꽃무늬
꺼진 배를 만지작거리다가
잡힌 단단한 늑골
레일을 떠받는 침목이다
닿을 듯하다가도 늘 평행선이다
달리는 산야
흐르는 강물
바깥 풍경은 언제나 새롭다
급행열차를
비켜서느라 잠시 멈출 때
굽어서 운치가 좋은 조선소나무
가장 더딘 비둘기호[*]
그래, 떠나자
중압감에서 벗어나고 싶은
늑골 위로 조심조심
달리기로 한다

*2000년 11월 14일까지 운행한 완행열차 등급 이름.

좀도둑

어제도 도둑이 왔다
대충 훑은 흔적으로 보아
좀도둑 소행이다
단단히 빗장을 걸어두지만
소용이 없다
이미 그들의 표적 안에 있다
그래도 다행한 일은
절절한 귀뚜라미 소리는
그대로 놓고 간다는 것이다
슬픔 하나 훔칠 줄 모르는
간肝이 크지 못한 녀석들!

비

비는 허공에서 온다
비는 애초 소리가 없었다
삼라만상
어느 부위에 닿아서
비로소 소리가 된다
전깃줄에
지붕 위에
땅에 떨어져서 소리가 된다
구름으로부터의 긴 여행
비가 직선으로 뿌린다
혹은 사선으로 뿌린다
텅 비어서 볼 수 없던 것들이
무엇과 만나서 시야에 잡힌다
빗소리가 점점 커지는 것은
아주 바쁘다는 뜻이다

꿈

구용丘庸 선생하고 대작하고 있었다
약주 두 병을 거뜬히 해치우고서
더 좋은 술집을 알고 있다고 앞장섰다
뒤따라 뜰로 내려섰지만
있어야 할 구두가 보이질 않았다
구석구석 찾아다녔지만 헛수고였다
나는 당황했다
대문 근처에서 배회하던
수상쩍던 소년을 다그쳤다
그 애는 날이 선 칼로 협박하고
반드르르 윤이 나는 구두가 숨겨져 있었다
구용 선생이 고래고래 소리쳤다
그렇게 호통치는 걸 처음 보았다
나는 가끔 꿈을 꾼다
대개는 신발을 잃어버리고 허둥댄다
인생의 절반을 이런 꿈으로 채운다

이름짓기

세상에는 누구나 이름이 있다
태아를 두고
더는 기다릴 수 없어
미리 작명을 서두는 사람이 있다

누구나 이름은 소중하다
유명무실은 비켜라
탈선을 예상하는 열차가 있을까
종착역을 향해 달린다

다음에 출간될 시집
"쉽게 시詩가 쓰여진 날은 불안하다"
좀 길지만 이렇게 정했다
감칠맛 나네 하고 자위自慰한다

고향

지척에 두고 먼 길로 빙빙 돌아온
고향이 낯설 때가 있다

산에 싸여 여전 답답하다
앞마당 감빛도
물맛도 지금은 낯설다
앳된 빨간 앵두
가지 사이로 장난치던 참새
조금은 적막을 알은체한다
머리 위로
별똥 떨어지는 것이 보인다

할아버지 음성도
기침소리도 낯설 때가 있다

귀엣말

귀는 자유다
나의 귀는 비어 있다
천둥 번개 치는 날
가만가만
귀엣말로 속삭이는 사람
무슨 말을 하는가
비밀이라도 있는가
끄덕끄덕 잘도 주고받는데
나의 귀는 열려 있다
세상이 무서운가
시끄러운가
짐짓 피하려 하는 것은 아닌지
나는 조그만 일에도
의심하는
정신환자다

매미소리

나는 혼자다
혼자이고 싶은데
감나무에 매미가 와서
단속적斷續的으로 노래한다
노염을 식히라는 배려일까
젊었을 적
마곡사 입구로부터
온통 따갑던 매미소리
계곡의 차갑던 물소리
참 어울린다 싶었다
시간은 얼마든지 남았다고 여겼다
지금은 가을 끝날 무렵
온힘을 다하는 매미소리
서둘라는 재촉 같다
나는 서툴다

하늘

쳐다보아도
쳐다보아도 싫증이 나지 않고

잡념
저절로 버리고 싶어지네요

좁은 창틀로는
그만한 액자가 되고

넓은 창틀은
몇천 호짜리가 되고

낙관 없어도
차라리 대작이네요

지상의 작은 것들
나를 알리려고 수선 떨지만

하늘은 그런 게 없어요
내세우려 하지 않아요

아무리 바쁘더라도 한번
이 가을하늘 쳐다보세요

할아버지

나지막한 초가
구부러진 길 따라
느릿느릿 걷고 있다
흰 수염 쓰다듬으며
두루마기 자락 날리던
당당한 모습

몇 해 전만 하여도
아저씨 혹은 할아버지
혼용되던 호칭이
하나로 불린다

의젓함도 사라지고
엄격함도 없어졌다
아이들 눈엔 어떻게 비추어질까
벼랑으로 밀어내려 한다
순간 반사적으로 꽉 잡는다
이 야릇한 연기演技

까치집

고향 가는 길에는 추억이 있다
미루나무가 있다
높다란 까치집이 있다

나무 밑동이 탁류에 쏠리고
부러져 나가고
황톳빛 아우성이다

티브이에서
태풍으로 지붕이 날아간 자리를
집중적으로 보여주었다

너는 견고했다
그 집을 두고
하나 둘 이농을 서두는 눈치

모두들 가는데
나라고 남으란 법 있는가
그런 항변이다

가락

나의 귀는
풀벌레가 늘 따라다닌다
귀울음이다

입추가 지나면서
섬돌이나 풀섶에서
일어나는 풀벌레 소리

이 만남의 반가움
가을이 여물고
깊어간다는 소리

언제 들어도
변하지 않는
왜 긴 가락이어야 하는가

현악 없이도
이 놀라운 세련미
애써 잠을 청하지 않아도 좋겠다

시래기

토담 벽면에
줄줄이 걸어 놓았습니다

배추며 무 이파리를
새끼줄로 엮었습니다

자연요법
햇살이 와서 말리는 중입니다

볼품도 없던 그놈이
비행기 타고 간다 합니다

열사의 나라로
먼 나들이입니다

투덜대며 먹던
가난한 우리네 시래기

뜨거운 땅에 가서
푸릇푸릇 꿈을 키운다 합니다

가을 산견散見

은행잎 모양을 디자인한
넥타이를 매고
가을 나들이 한다
노란 은행잎을 밟으며
오랜만에 평화를 본다

바람 없이도 떨어질 줄 안다
무성했던 플라타너스 잎이
가로수 주변을 맴돈다
아직 방향을 잡지 못한 눈치
잎이 넓어서
그 낙하하는 소리도 크다

오동잎 하나 뚝 떨어져서
가을이 왔음을 안다고 한다
나는 귀머거리인가
짐짓 못 들은 척하는 것일까
좀더 있어 달라는 아쉬움일까
가을은 떨어지는 것이 환히 보여서
가을답다

흔들의자에서

다방 '詩人의 마을'에서
비어 있는 흔들의자에 덥석 앉는다
낮은 음악이 흐르고
내 생애 티끌의 일부분을
이 의자에 맡긴다
스케치하듯 살아왔지만
실패한 시간이 넘친다
차 한 잔 앞에 놓고
지난 것들 주섬주섬 챙긴다
앞으로의 일도 계산한다
중복될 수 없는 시간은 일직선이다
창틈으로 와서
무릎에 둥그런 햇살을 놓고 간다
아주 편안하게 우리는 흔들린다

후회

해변에서 넉넉히 자리잡고
모래성을 쌓는다
바닷물은 포물선이 아니라
들쭉날쭉 상륙한다
믿었던 모래성이
물에 씻겨간 날의 썰렁함
어른이 되어서도
후회는 늘 따라다닌다
앞장서는 일 없이
잘못은 늘 뒤에서 지랄한다
까맣게 잊고 있던
그날의 모래성 꿈을 꾼다
조고만 일에 과민한다
덜컹 후회를 남긴다

제2부

2000. 06. ~ 2002. 10. 미발표 시

하늘

멀리 하늘은 산과 맞닿아서
그 정상에 오르면
손에 잡힐 것 같던
어린 날의 어린 생각이 난다

천자문 첫 구절
천지현황天地玄黃
하늘은 검다 하는데
머리 위엔 언제나 푸르다

땅은 쓰레기로 쌓여
구린내가 난다
오폐물로
강물은 썩어간다

안전지대는
손에 닿지 않는 하늘뿐이다
송송 구멍을 낼 수 없고
낙서하기엔 너무 멀다

높아서 적적은 하겠지만
이만한 곳 또 어디 있으랴

등을 긁으며

수학여행 다녀와서
내미는 아이들의 효자손

별반 고맙다는 인사 없이
수십 년이 훌쩍 지났다

이리저리 굴러다닌 것을
끈에 달아 못에 걸어놓았다

손 안 닿는 곳을 골라
득득 긁어댄다

따로 없다
가려운 데를 긁는 일이다

어릴 적에
효자손이 있었는지 가물가물하다

안방 벽엔
불효의 못자국만 휑하다

도마뱀

방바닥에 누운 채
펼치는 누드화집
뜨거운 바람으로 사구砂丘가 생긴다
도마뱀은 뜨겁다
배가 모래에 닿지 않도록
부지런히 손발을 움직인다
달려야 한다
여기에도
약육강식弱肉强食의 질서가 있다
여차하면 꼬리는 죽인다
복사열을 피해
여인의 누드 속으로 숨어
한숨 돌린다
또 춤추듯 뛰어야 한다
끝없는 사막
도마뱀의 행로다

쓰레기매립장

종이재생공장으로 가는 길은
서늘한 가로수가 서 있습니다
쓰레기매립장 가는 길목에서
풀풀 먼지를 날립니다
주인들의 저항에
꼼짝달싹 못하고 있습니다
시집詩集 한 권이
집게 포크레인에 매달린 채
공중에서 젖고 있습니다
빗줄기는 점점 커집니다
고약한 냄새가 풍깁니다

적설 積雪

아침에 일어나서
이런 순간을
흔히들 눈부시다 하던가

긴 여행이었구나
칠흑 같은 밤이라
조금은 두려웠겠다

산에 나무에
고층 건물 지붕에
지상으로의 차례는 미리 짜여 있었겠지

안부를 묻는다
무사히 도착했다는
안도감 安堵感

강물, 호수에도 눈은 내린다
횡사라 하면
어떨지 조심이 간다

세상의 두께가 벗겨지면
즐거웠노라고 할까
소란스러웠다고 할까

눈꽃

마당에 단풍나무가 있어
봄, 여름 그리고 가을까지
함께 놀아주기도 하고
피곤도 덮어주었다
이 계절 어떻게 지내느냐
따스한 말까지 전하면서
눈꽃으로 피어주었다
기막힌 이 황홀
이만하면 겨울도 춥지 않다

꽃상여

눈보라 속
바삐 서두는 꽃상여가 있다
수의에 싸인 채
깨끗한 빈털터리가 되어
먼 길 떠난다
떠나기 이렇게 힘들던가
고단하던가
일생의 초라한 주검
눈발이 점점 사납다
상여꾼의 요령소리도 바쁘다

단상斷想

1.
사육사飼育士에 길들여진 동물은
야수성을 잃었다

동물이 황량한 땅에서
인간을 교육한다
용맹성
포악성
인내성
모성애
약육강식의 질서
철저한 현장실습을 한다

2.
하루에도
죽고 살기를 되풀이한다
밤은 죽음이다
어둠 속에서 어두운 표정을 짓는다
째깍째깍 탁상시계 소리에
영 신경이 쓰여서
장롱 속에 집어넣었다

째깍째깍
금속성 아니라도 시간은 간다
고여 있지 않고 잘도 흘러간다

3.
풍선에 공기를 집어넣는다
팽팽한 감촉
얼마를 불어야 할지
힘을 더 주면 빵하고 터질 것 같은
이 한계의 모호성

4.
우물에 물이 말랐으니
두레박은 소용이 없다
길어 올릴 때
가득가득 넘치다가
한참 만에 다시 바닥으로
떨어지는 시원한 물소리
이제는 물기 묻은 추억도
예외일 수밖에

5.
누구는 암 선고를 받고
아무는 세상을 떠났다는 소식
가는 순서에 친소親疎가 따로 없다
잎이 떨어지는 계절이 온 것이다
수화기 잡기가 두렵다

6.
감동에 눈물이 흔해졌다
나이 탓이리라 작은 일일수록 그렇다
눈물첩帖에 적어둔다
얼마 후 펼쳐보면 공란空欄이다
흔적이 없어 다행스럽다

7.
한동안 잊고 있던
구근球根이 쑥 올라온다
암울한 세상에서 부활이다
빨강 노랑의 튜립
이 꽃을 피우는 것도 시간은 어머니다

8.
민속박물관에는
거의 죽은 것들이 진열되어 있다
퀴퀴한 분위기
설중매雪中梅가 달랜다
세상 대부분을 잃었다
발기부전
살고 싶은데 버리라고 한다

9.
떡가게에서 뽑혀 나오는 가래떡
변비로 고생하다가
시원한 그것들과의 만남
이 쾌재快哉
신기해서 한참을 들여다본다
황금빛이다

10.
시도 때로는 술을 마셔야 한다
말짱한데 불을 지필 수 있나
술이 있어야 흥얼흥얼

흥얼거리며
가난한 나의 시가 된다

11.
신부는 아름답다
하얀 드레스 속의 신부는 더 눈부시다
웨딩마치
그 음계 따라 오르내릴 때
창밖으로 눈을 돌린다
초록빛 한 점을 응시하며
나는 슬프다

12.
진짜 사랑은 무엇일까
유행가 한 구절일까
그것만도 못한 나를 증오한다
깍듯이 구십 각도로 절한다
사랑에게

13.
짚으로 꽉 차 있어도

꽃으로 꽉 차 있어도 슬픈 일이다
숨통은 틔어 있어야 한다
어느 한 사람
꽉 차 있게 하는 것도 매한가지다

14.
아직 사지四肢가 있음으로
포복匍匐한다
아픔을 달랜다
분노를 삭인다
위태위태 살아가는 과정
목적지는 오리무중 안개 속이다

15.
사람은 타의他意로 줄설 줄 안다
꽃은 자유분방하다
눈치를 살피거나
애써 내세우려 하지 않는다
자연으로 있어 꽃은 아름답다
산에 들에
자의自意로 피어나고 있다

16.
벚꽃 아래 술잔을 주고받으며
술기운이 얼큰하면
나는 '이니까 사무라이' 이렇게 일갈한다
염치나 결백이 있어서가 아니라
시골에만 움츠려 있는
자조自嘲 섞인 표백表白
이렇게라도 해야 평정을 찾는다
나는 영원한 촌닭인가

17.
시인이란 자격증이 따로 없다
그것을 필요로 한다면
나는 벌써 열외로 밀려나 있어야 한다

18.
우리나라 사계절에서
봄과 가을은 짧고
여름과 겨울은 길다
일생에서
생生과 사死는 순간이고

노老와 병病은 지루하다
꿈도 마찬가지
개꿈은 왜 그리 길던가

19.
삼진三振 아웃은 깨끗하다
미국으로 건너간
박찬호의 삼진은 더욱 그렇다
고향이 같고
학교 후배로서가 아니라
박찬호의 투구 폼은 멋지다
뙤약볕에 수염을 키우고 있는
그의 삼진 아웃
한국의 가을 날씨라 한다

20.
현역시인이란
내가 나에게 붙인 이름
칠십 줄에 조금은 어색하지만
괜찮다
묘비명 한 줄 쓰기 위해

이렇게 연연하는 건
죽은 시인보다
얼마나 뿌듯하랴

21.
여름에 고랭지배추는 크게 자란다
서늘한 공기 탓이리라
노란 속이 꽉 차기 전에
솎아내기를 잘 해야 한다
추석 귀성길
자가용의 긴 행렬
꼼짝달싹 못하고 서있는
좀 솎아냈으면 한다

22.
여기저기 물결로 일렁거린다
무량의 바다
때로는 격랑
그 앞에 왜소해지는 나
먼 수평선
하나이다가 전부가 되었다

가지치기

봄볕을 펼친다
추위로 빨갛게 자란 어린 곁가지
전정剪定으로 쑥싹쑥싹 자른다
화사한 복사꽃
그 열매를 위해
아픈 가지치기를 한다

나의 가지치기는
좁은 공간의 확충이다
불필요한 것을 가차 없이 버린다
나의 시는 대체로 짧다
고개를 쳐든다
왜소하나 기다린다

기다림

착 가라앉은 날이 있다
멀리 바라보이는 대청호
정원 몇 그루 나무
내 음성 또한 그렇다

물빛이 조용히 누워 있는 것은
거리 때문이다
가까이 다가서면
작은 물결이 소리 내고 있고

잠에서 덜 깨어
나뭇가지 까딱하지 않고
죽은 시늉으로 있지만
봄은 이미 가까이에 맴돌고

주위에 압도되어
덩달아 내 음성도 그러하지만
목구멍의 가래
시원하게 뱉을 날을 기다리는 중이다

만용蠻勇

예술의 정상은 까마득합니다
넓더니 점점 길이 좁아집니다

모두 달려가는데
나는 혼자입니다

예술은 기技가 따릅니다
승부는 땀 가지고는 안 됩니다

섬광閃光 속
무언가 잡혀야 합니다

좁쌀만 한 재주 하나 믿고
얼떨결에 뛰어들었습니다

만용 같은
슬픈 자화상自畵像입니다

외등 外燈

달빛이 가득한데
우리집 앞 골목
외등은 언제나 혼자다

밤중에 깨어나서
어둠 속 그냥 있을까 하다가
사마귀 눈알을 한
스텐드에 불을 켠다
키가 작아서
멀리 퍼지지 않아 좁은 불빛 아래서
이것저것 생각하다가
잡념을 키우는 사이
또 잠이 들었다

집 앞 외등 하나
어둠이 물러나서야
눈을 비로소 붙인다

외할머니

아파트에 가려서
늦게 봄비가 내린다
아스팔트 좁은 길목
송홧가루 숨어 있다가
노랗게 서툰 지도를 그려놓는다
긴 여행길이다

여름방학이 되자마자
단숨에 달려간 사십 리 길
외할머니
번드르르 다식판에서 찍고 계셨다
무늬가 선명한
송홧가루 다식

민속박물관 진열장 한켠에서
참 오랜만에
외할머니를 뵈었다
잔잔함도
눈가의 외로움도 그대로이시다
창 너머 봄비가 내린다

생략

수식어를 붙이지 마라
참모습이 흐려진다
너덜너덜한 것 떼어버리면
얼마나 깔끔하랴
압축은 생략의 지름길이다
용감히 던져버려라
생략이 제대로 안 되는 건
굽이굽이 긴 인생뿐이다
살다가 구차스럽다 싶으면
이 생략법을 써보아라
살아가는 맛
조금씩 맛이 들어가리니

여름 가랑잎

여름에 가랑잎이 진다
함께 소풍 가듯 가는 것이 아니라
혼자 가는 먼 길이다
여름 가랑잎은
떨어져도 소리가 보이지 않는다
무게 탓이리라
동창 모임이나 혹은
모였다 헤어질 때 흔들던 손이
보이지 않는다
생사의 길목이
종이 한 장보다도 좁혀진 것일까
아니다
예약 착오일 수도 있다
가랑잎은
섭섭하다 싶으면 떨어진다

제3부

2002. 11. ~ 2004. 06. 미발표 시

노염 老炎

사랑방에서
헛기침과 함께
놋재떨이 탕탕 울리던 소리
이제야 알 것 같다
일찍 일어나라는
할아버지의 엄한 은유법

이십사절기에는
입추가 더위 한가운데 있다
노염의 심술도 대단하여
쉬 꺾일 줄 모른다
늙으면 용심이 더 생긴단다
노추 老醜라는 것

버려야 한다
추한 꼴은 보이지 말아야 한다
욕심은 병 중의 병
이 생각 저 생각으로 무성한데
어느새 노염이 한풀 꺾였다

호박꽃

텃밭에 모종한
호박넝쿨 기세가 하도 좋아
수확을 미리 점치기로 했다
그러나 그것은 희망 사항
두 개 애호박을 땄을 뿐
이미 있어야 할 늙은 호박은
보이지 않고
호박꽃 밭이 되어버렸다
내 생애 중
이처럼 예쁜 꽃 보기는 처음이다
예쁘다는 기준도
때에 따라 바뀐다는 것
이제서야 알겠다

낮은 목소리

통화할 때면
어디 아프냐고 저쪽에서 묻는다
괜찮다고 하면
어째 힘이 없느냐고 한다
시원한 네 목소리가 부럽다고 대꾸한다
낮은 목소리보다
발악하듯 큰 목소리가
판치는 세상
그러나 보아라
낮은 소리가 있어 네가 살고
큰 소리로 해서
내가 살지 않는가
나도 악쓸 수는 있다
낮은 목소리가 편안하다

새벽

새벽은 언제 오나
그 궁금증은 꽤 오래입니다
그것을 알기 위해
어둠을 지켜야 합니다
시간이 너무 더딥니다
형광등을 켜고
읽다만 『티벳 死者의 書』를 펼쳤습니다
그런데 어느 틈에
새벽은 와 있었습니다
소리도 없이
살금살금 왔나봅니다
허탕치고 말았습니다
다음날로 미룰 수밖에 없습니다

감나무

우리집 가보家寶는
마당에 선 한 그루 감나무다

늦게 싹을 틔우고
감꽃이 핀다
땡감으로 있는 동안
매미가 와서 짤막짤막
절간 같은 이 고요를 흔든다

감빛은 하늘과 어울리는 빛깔이다
가지마다 휘도록 매달린 이 풍요
가을이 깊어지면
갖가지 단풍으로
한잎 한잎 버릴 줄도 안다

텅 빈 가지 사이로
서리가 내려서 하늘은 차다
오는 봄을 위해
알몸으로
숨고르기를 한다

봉선화

사람이 산다는 것은
맵고 아린 진행형이다
그 동네에는 그런 일이 없다
모여 살기를 좋아한다
땅만 내려다보며 행복하다
옷 색깔은 조금씩 달라도
수줍음을 잘 탄다
씨주머니를 많이 달았다
시샘하는 일도 없이
자기중심대로 꼿꼿하다
갈 때도 딱 순서가 있는 것이 아니다
그들 그늘에 조용히 누울 줄 안다

뻥튀기

호주 어느 해변에
스웨덴 북쪽 하늘에
접시 모양을 한 괴물체가 출현했다며
사람들이 호들갑을 떤다

구멍가게에서 뻥튀기가 팔린다
접시 모양을 했다 해서
유 에프 오라고도 한다
심심풀이로는 십상이다
씹어도 먹어도 포만감이 들지 않는다

우리 한반도가
공룡恐龍의 낙원이었다 한다
일억 년 전 일을 어떻게 아나
고고학자들의 말이다
화석으로 입증되었다 한다

이 나라 쪽빛 하늘에
진짜 UFO가 나타난다면
세상의 이목은 이리로 집중될 것이다
아직 남아있는 공허
뻥튀기나 축내고 있을 내가 피사체로 잡힐까

박용래 시비詩碑에서

더러는 절필絶筆을 선언했다가
살그머니 다시 펜을 들기도 하더니

가을이라
좀이 쑤실 터이지만

여전히 침묵
기를 쓰고 자제 중이구나

술 하나는 실컷 하더니
왜 오늘은 이리 째째한 거냐

어깨 너머로
적단풍이 들썩들썩하는데

까칠한 턱수염
말끔히 면도하고

허리 펴고 서서
그 흔한 눈물 흔적은 왜 안 보이냐

형이하학

누가 더 큰가 키재기한 흔적을 지운다

몰래 숨어서 훔친 낙서를 지운다

슬금슬금 기어다니던 바퀴벌레 길을 지운다

단절된 대화의 찌꺼기를 지운다

포르노배우 사진을 지운다

연발한 씨발씨발을 지운다

문양 없는 종이로 도배한다

방이 넓어 보인다

살아가는 법

무슨 좋은 일이 생길 것 같은
예감이 잡힐 때가 있다
대개는 그 예감이
빗나가는 수가 많지만

사람들과 만나고
흔들리는 나뭇잎과 만나고
흩어지는 구름을 만나고
살짝 덮어둔 추억을 만난다

이 만남은 모두 살아 움직인다
살아서 아름답고
살아서 애틋하고
살아서 쓸쓸하고

이렇게 느릿느릿
살아가는 법을 배우는 중이다

씁쓸한 기억

영등포역 근처
판잣집에서 꼭두새벽에 일어나
미군 인력시장에 줄섰다
번번 퇴짜를 맞았다

무심히 던진
그 친구의 말이 아니었다면
망각의 숲에
영영 묻힐 뻔했다

그 기억 살아서 씁쓸하다
그 기억 다시 무지개로 떴다

돈벌이 간다고 나섰다
열다섯 소년의 가출이다

이 중대한 사건을
한 사람은 까맣게 잊었고
그 친구는
생생하게 필름을 돌린다

햇살을 말린다

햇살이 햇살을 말린다
비에 젖은 나뭇잎이 반짝인다
옥상에 맨 빨랫줄
젖은 옷가지를 말린다
미세해도 먼지는 먼지다
지상에서
공중에서 가만가만 날다가
햇살이 먼지를 말린다
힘들이지 않게
옆에서 구경이나 한다

채플린 선생

당신은 웃지 않습니다
만인을 웃게 하면서도
그래서 당당합니다
억지로 웃기려다
삼류三流로 추락하는
그런 우愚를 용서치 않습니다

당신은 늘 혼자이기 때문에
특별히 웃기는 연습은 없을 것입니다
타고난 기교입니다
당신의 무성영화는
꿈이 있습니다
살아서 파도치게 합니다

도공陶工의 손

흠집이 있거나
마음에 안 찼을 때
가차 없이 깨어버리는
도공의 손
그 손이 부럽다

직직 긋고
개칠하고
곁불만 쬐다가 돌아서는
나의 왜소한 손

가마솥 뜨거운 불로 있다가
차가운 비색으로 나온다
도공의 손은 얼마나 큰가
힘이 있던가

환장하겠네

하루 스물네 시간
단 몇 분만 정립했어도
그 사랑 굉장하겠네

댐 속의 물로 있다가
가뭄으로 수문을 열면
그 물줄기 장관이겠네

뒷짐 지거나
한눈만 판 것도 아닌데
빤히 알면서도
안 되는 일이 많았네

이 어리석음을
전부 내게로 돌린다면
슬퍼도 눈물 아니 나면
나 어떡해

시력

시력 검사표 앞에서
1.2면 족한데
기를 쓰고 1.5를 읽어냈다
뭐 대단하다고
자랑했나싶다

지금은 돋보기를 쓰고
확대경을 들이대어야
비로소 선명해지는 글자
가끔 줄이 틀려서
엉뚱한 문맥을 짚기도 한다

눈도 늙어간다
남루를 걸치고
모처럼 하늘을 쳐다본다
티없이 맑다
시력이 1.5로 돌아섰다

점과 선

점이 모여서 선이 되고
선은 무한하다

땜질한 흔적도 남기지 않고
번지르르 뻗어가는 선

점과 선은
가깝고도 먼 평행선이다

그 선상線上에
무개차無蓋車가 굴러간다

기우뚱거려
위태위태하다

터널이 보인다
아직은 무사하다

제4부

2004. 07. ~ 2007. 06. 미발표 시

귀소歸巢

죽는 것을
높임말로 돌아가신다고 한다

비가 오는 것을
비가 오신다고 한다

같은 뜻이라도
경외敬畏가 숨어있다

구름은 흩어져서 어디로 가시나
가는 곳을 정해 놓으셨나

새는 숲으로 돌아와서
소곤소곤 별과 이야기를 나눈다

돌아가시는 사람은
맨 먼저 대화를 끊는다

김대현金大炫 시인詩人

물은 쉬지 않고
낮게 아래로 아래로 흐른다

가장 훌륭한 선善은
물이라 하지 않던가

욕심을 비우고
해탈한 사람

세파에 시달리면서 오히려
깨끗한 학鶴

옥피리 맑은 가락
깐깐한 선비

한라산에서
충청도 물에 발을 담그고

사유思惟에 깊이 잠겨 있는
이 나라 시인

아무나 쉽게 할 수 없는 길입니다
― 초정艸丁 김상옥金相沃 선생

변변한 학력 없이도
너무나 해박하였고
오직 한 길을 가면서
詩·書·畵 삼절三絶에 이르렀습니다
아무나 쉽게 할 수 없는 길입니다
그래서 그 봉우리가 높아 보입니다
"시 빚는 몸가짐이 얼마나 지난至難한가를
어렴풋이 깨달았습니다."
꼿꼿한 한평생임을 압니다
하얀 우리 얼을 어떻게 채워야 하나
백자白瓷 항아리를 끼고 살았습니다

≪맥(貘)≫ 중창重創할 때
직접 원고를 모으고 편집에서 교정까지를
노구老軀의 몸으로 동분서주했습니다
붓의 힘이 강하다는 것을 일깨워주었으며
불의와는 타협을 멀리하였고
악惡 앞에서는 불호령이었습니다
"시인의 말은 오직 시일 뿐
다른 말은 한갓 군소리에 불과하다"

깨끗한 이 나라 선비 시인입니다

내가 먼저 가야 하는데
그 사람 기도는 들어주고
내 기도는 왜 안 들어주느냐며
식음을 전폐한 채
아내 곁으로 총총히 갔습니다
닷새 만의 일입니다
돈 때문에 이혼이 판치는 세태에
초정 선생은
결곡한 시초詩抄 한 수 남기고
봄꽃 되어 갔습니다
아무나 쉽게 할 수 없는 길입니다

*≪맥(貊)≫ : 일제 때(1938. 8.~1939. 5.) 김상옥, 김용호, 함윤수 등이 만든 동인지.

다능多能한 재인才人 최문휘崔文輝

늦가을 엽서가 왔다
다방에서 만나자는 내용이었다
또박또박 잔글씨로 보아
미모의 여인이려니 마음이 설레었다

충남의 알프스라는 청양땅
다방이라곤 단 하나뿐이었다
안으로 들어갔다
예쁜 여인은 안 보이고
눈빛이 유난히 빛나던 그는
단구短軀에 근육형이었다

교유로 치면 50년
오랜 풍상을 겪으며 살아왔다
한동안 꼼짝없이 지내다가
다시 만나면
하루가 멀다 하고 자주 어울렸다
소나기처럼 왔다가 또 긴 잠적

『碑』라는 시집을 들고 불쑥 나타났다
그는 항상 바쁘게 움직인다
한 군데 좌정하는 일이 별로 없다
구르는 돌은 이끼가 끼지 않는다 하던가

시간을 바쁘게 조절할 줄 안다
그런 그가 여간 부럽지 않았다

그는 다능한 재인이었다
한때는 연극에 미쳐 있었다
"에리자베스劇會"를 창립했다
직접 대본을 쓰고 연출하고 소품까지 챙겼다
충남 연극계의 대들보요 산 증인이다

한동안 연극에 뜸하더니
이번에는 '향토' 연구에 전력했다
내 고장 사적을 조사하고
사라져가는 전설 수집을 위해
촌로의 사랑방을 찾아 채록에 힘썼다
춘하추동이 따로 없었다

수도산 올라가는 길 옆에는
"충남향토문화연구소"란 간판이 붙어 있다
마지막 숙원사업이라 한다
조금은 쇠락해 보이지만
그 연치에도 애정만은 대단하다
부디 그 '큰집'이
우리 앞에 나타나기를 기대해 본다

아집 我執

과실나무에 꽃이 피고
이윽고
열매가 고개를 쳐든다
점점 자라서
제구실을 한다 싶을 때
바탕의 빛과
햇빛이 어울려
오묘한 색깔을 만든다
그 과실 속에
아집도 함께 익고 있음을 알았다
몹쓸 놈의 아집
미리 솎아 버리는 건데
기회를 놓쳤다
수확 뒤에도
그대로 매달아 두었다

추위 속에 봄은 온다
봄눈 녹듯이 녹아버려라

술에 대하여

주량이 얼마냐고 물으면
좀 한다고 겸손을 떤다

술은 식도를 통해
오장육부를 적시고
막힘이 없다

세상 한구석 우울하다 싶을 때
외로워서 마신다
기쁘다 싶어 마신 날은 별로다

주량이 얼마냐고 또 물으면
피식 웃는다
술은 취해서
아주 시시한 오줌이 된다

보리밭 추억

가랑눈은 조용히 내리고
추억이 새록새록 돋아난다

무서리 내린 밤
밭이랑 밟던 생각

구부러진 보리밭 사이로
바람이 일고

파도치면서
저항 없이 물결쳤다

종달새
하늘에서 한가로운데

어린 악동들은
전쟁놀이에 바빴다

얼굴을 겨냥
깜부기 뒤집어쓰고

〉

껌둥아 껌둥아
히히 서로 웃었다

긴긴 하루
보릿고개는 너무 깊었다

회복 중

한여름에
그늘에 오래 있어도 추위를 타는데
삼동을 어떻게 넘길까 걱정입니다

기어이 눕고 말았습니다
햇볕이 처마 끝까지 왔다가
문지방을 넘지 못하고
그냥 돌아선 모양입니다

손발이 시립니다
정신이 몽롱합니다
출구를 향해
덜커덩덜커덩 무개차가 갑니다

뿌연 안개 속
삼라만상이 똘방똘방 잡힙니다
지금 회복 중입니다

입추 무렵

달력에는 말복보다
입추가 늘 앞선다
살랑살랑
가을의 예고편이다

바람도 지쳤다
나뭇잎도 까닥하지 않는다
호박잎은 축 늘어졌다
수그러질 줄 모르는 불볕더위
열대야에 며칠을 설쳤다
이까짓 여름쯤이야 하다가 다운됐다
오뉴월 개만도 못한 꼴이다

방에 누워서 먼 남극의 빙산과
뒤뚱뒤뚱 펭귄이 그립다
연탄창고 구석에서
귀뚜라미 소리가 들려온다
좀 일찍 찾아온 것 같다만
원음 그대로의 그 시원한 맛
지친 심신에 이만한 것 또 있으랴

마당

얼마간 집을 비우고
다시 돌아왔다
헛기침 몇 번 했는데
인기척이 없다

발랑 누워서
햇살만 가득하다
그늘도 없다
수다 떨 대상도 아니다

주인을 닮아가는 모양이다
얼마든지
혼자서 견딜 수 있다는 눈치
쓸쓸하다는 내색도 하지 않는다

물방개

일제히 둠벙으로 뛰어들었다
물장구치다가
개헤엄치다가
한동안 신이 나 있었다

높다란 미루나무
나뭇잎이 석양에 반사되어
살랑살랑
손거울처럼 흔들고 있었다

둑에 올라와서
우리가 물기를 말리는 동안
황갈색 물방개는
더 놀자고 손짓하고 있었다

무일푼

아차 했다
양복을 갈아입고 서둔 바람에
버스 안에서 무일푼임을 알았다

집으로 되짚어 이번에는 택시를 탔다
시비 제막식까지는 아슬아슬했다

  여기는 시간이란 개념이 따로 없고
  무일푼으로도 통하는 세상이니
  허둥대지 마오

카랑카랑한
*운장雲藏의 목소리가 따뜻했다

    *시인 김대현(1920~2003)의 아호.

소일消日

어떻게 소일하느냐에
지금 늙어가는 중이라 해둔다

문득 우체국 직원들이
소인 찍던 일이 생각난다

연말연시가 되면
눈코 뜰 새 없이 바쁘다

도장 찍힌 우표는
다시 못쓰게 되어 있다

실수로 우표 밖으로 찍힌 것을
다시 오려서 편지 띄운 기억이 난다

사람은 그럴 수 없다
한 번 찍히면 끝이다

소인 찍히지 않는 날까지는
갑갑증이 나더라도 참아야 한다

도마뱀

다큐멘터리가 흔하지 않을 때 '사막은 살아 있다'는 충격이었다 사막은 죽고 모래뿐인 줄만 알았는데 생명이 있었다 발바닥이 뜨거워 허둥지둥 모래 속으로 숨는 도마뱀이 있었다

산에 가면 도마뱀은 어렵지 않게 볼 수 있었다 우리는 경쟁하듯 그놈을 잡았다
잡았다 싶었는데 그대로 도망친다 꼬리를 끊고 내뺀 것이다 잘린 꼬리가 다시 생긴다고 들었으나 한번도 본 적은 없다

내 시는 짧다 곁가지는 자르고 베어내서 미니가 된다 긴 넋두리보다는 짧아야 아름답다 자기 꼬리쯤 버릴 줄 아는 도마뱀 같은 그런 시나 썼으면 한다

냄새

풀은 풀 냄새
꽃은 꽃 냄새
산은 산 냄새
바다는 바다 냄새
삼라만상
모두는 냄새가 있다

그 중 구분이 모호한 것은
인간의 냄새
구린내가 날 때
역겨울 때
이러지도 저러지도 못할 때
목구멍으로 손가락 넣어
왈칵왈칵
토해 버린다

나무늘보

오늘은 나무늘보와 놀았습니다

남미南美 한 구석에서
느리게 사는 법을 배웠습니다

언제나 나뭇가지에 매달려서
행복합니다

긴 발톱으로 살아가지만
별 재주는 없는 것 같습니다

잠자는 시간이 길수록
그들은 파라다이스입니다

자전거 경기에
느리게 달리는 종목이 있습니다

이놈을 출전시킨다면
단연 챔피언감입니다

빨리빨리 가는 세상에

느릿느릿 사는 생존도 있습니다

오래오래 있고 싶었지만
나무늘보는 깊은 잠에 빠져 있습니다

사전류類

사전류에는
까맣게 때가 묻어 있어야 한다

황량한 벌판을 헤매다가
만나는 한 줄기 빛

그것으로 해서
살아가는 사람과 만날 수 있다

한번도 밟지 않은
처녀림이 빽빽하다

도끼로 나무를 찍는다
속살이 하얗다

울창해서 그럴까
메아리는 돌아오지 않는다

차례로 줄 서 있는
어휘들의 질서
〉

무질서하게 살아온 생애가
너무나 부끄럽다

책갈피를 넘기다
천근같은 어깨가 가볍다

철새 떼

투망질한다

그물을 던진다
공중에서 멀리 퍼진다

파도치듯
철새가 까맣다

오, 세상에
조류 인플루엔자라니!

파닥파닥
건강한 날갯짓에는 그런 거 모른다

천수만으로 내려앉는
가창오리 떼

혼자 보기엔 너무 미안한
이 장관

투망질에 걸린다

메밀꽃

삼류극장에서 다시 보는
'메밀꽃 필 무렵'

장사꾼이 꾸역꾸역 모여들었다
강원도 봉평 장날

줄거리는 짧지만
여운은 길다

벨과 함께
끝이라는 자막이 튀어나오면

신문 부고訃告 광고 같은
검은 테를 두른 하얀 스크린

뉘엿뉘엿 술에 취해
장돌뱅이는 흩어지고

달빛이 내린
메밀꽃은 지금도 핀다

병원에서

병원 가는 횟수가 많아졌다
가고 싶지 않아도 가야 할 때가 있다

하얀 벽면에 걸려 있는
인체 골격도
육탈肉脫한 깨끗한 뼈

계단을 내려오다가 어깨가 스쳤다
분명 아는 사람인데
성도 이름도 가물가물하다
알은체하려다가 그만두었다
아, 아직 살아 있구나

호곡소리가 들린다
흔히 있는 일이다
땅에 묻히면서
착한 일 많이 했으니
천국에 갔을 거라고 울음 섞인 말로 들린다

병원에는
소독 냄새가 향긋하다

동물원에서

대전에 동물원이 생겼다

기린 수송에 애먹었다는 기사가 났다
긴 모가지 역시 초원의 신사다웠다

대상隊商에서 빠져나온 낙타가
머쓱한 눈으로 마주친다

따가운 사막의 모래 무늬
향수를 반추하고 있었다

백곰은 안절부절 못한다
남극의 빙산이 얼마나 그리우랴

철책에 갇혀 있기는
대전동물원도 마찬가지였다

신기한 듯 쳐다보다가
일제히 외친다

이 불쌍한 사람들아

코스모스

코스모스가 피었다
제한구역
더는 들어가지 말라는 팻말이 서있다

그런 팻말에 신경 쓰지 않는다
보험 없이도 무사히 살아왔고
그래서 감사하고

생명보험에 들었으면 하지만
나이 제한에 걸려서 퇴짜라 한다
씁쓸한 것 어디 그뿐이랴

누구는 치매에 걸렸다 하고
또 누구는 그렇지 않다고 우기고
얼마 남지 않은 시간에 시비가 길다

하늘이 심심할 때가 있다
누구 놀아줄 이 없나?
코스모스가 몸체로 흔들고 있다

이 가을에

게양대 높은 꼭대기에
나부끼는 태극기
깃발이 크게 흔들린다
바람 탓만은 아니리라
하늘이 쪽빛보다 더 푸르다
차렷 자세로
콸콸 박동하는 붉은 피
그 심장에
바른손을 얹어본다
그래도 파동친다
아픔 같은 것이 엄습한다
이 가을에

가을 스케치

가을이 깊어갑니다

쪽빛 물감으로 가득 칠하고

아래로 3분의 2가량에서

한 선을 긋습니다

가느다란 수평선이 보입니다

단조롭지만

그 위로는 전부 하늘입니다

바다

산에서 자란 소년의 눈에
바다는 경이 그것이더라

항상 움직이더라
잠시도 가만있지 않고
일파만파더라
손바닥만 한 물결
바윗덩이만 한 물결
찰랑찰랑 있다가
성난 파도로까지
쉬지 않고 움직이더라
물빛도 조금씩 다르더라
평형을 유지하는 저 바다

산에서만 살아온 늙은 눈에
그 충격이 이만저만이 아니더라

습관

섬상은 말로
똥을 누다를
뒤를 본다고 한다

좌변기에 걸터앉는다
아무리 귀한 몸이라도
어쩔 수 없는 일상이다

황금빛일 때
떡가래일 때
적당히 말랑거릴 때

아, 살았구나

앞은 보이지 않고
뒤를 돌아보는
이상한 습관이 생겼다

나비넥타이

나비넥타이
한번은 달고 싶었다

훌륭한 시인
당당한 정치인
이름난 예술가
나비넥타이 썩 어울린다 싶었다

허공에서도 그러하지만
꽃을 찾아
사뿐히
두 날개 하나 될 때 더 아름답다

미완으로 흘러가는 세상
초록 바다를 배경으로
날아가는 흰나비 떼
한 마리는 나에게 다오

나비넥타이
한번은 꼭 달고 싶었다

한 그루 나무

나는 한 그루 나무
잎이 피었다

무성하게 짙도록 있다가
갈색으로 갈아입었다

지난여름 태풍 때는
견디느라 눈코 뜰 새가 없었다

무사히 지냈다
키는 더 크지 못할 것 같다

눈이 내린다
세설細雪이다

조용히 와서
이만한 여유를 주었다

살그머니
크게 용서를 빌자
〉

나뭇가지에 앉았다가
햇볕에 녹아내리듯

나는 죄 많은 한 그루 나무

N.G.

좋은 드라마일수록 엔지를 낸다

눈물이 많을수록
탤런트 값은 올라간다

엔지가 많을수록
드라마는 살아난다

인생은 되풀이가 없다
그래서 타락투성이다

엔지 없는 드라마는
얼마나 싱거울까

해피앤드를 빈다

첫사랑

멀쩡한 날에
먼 산등성 너머로
천둥소리
마른번개 친다

내게도
첫사랑 있었을까

헛것이었을까

배꼽

청과시장에 가도
배꼽참외가 눈에 띄지 않는다

나체주의자는 아니라도
알몸이고 싶을 때가 있다
홀랑 벗고 싶은 충동
브래지어는 얼마나 짜증날까

경기장에 가 보아라
환호 속에
치어리더들이 배꼽춤을 춘다
그래서 관중은 즐겁다

배의 중심은 배꼽
대낮에도 스포트라이트를 받을 만하다
머지않아
배꼽 성형 수술이 성행하리라

불행하게도 인형은 배꼽이 없다
탯줄 끊은 적이 없으니까

시를 쓴다

여태껏
아내도 읽지 않는 시를 쓴다
돈도 안 되는데 시만 쓴다
아내는
요즈음 은유법을 쓰기 시작했다

시답지 않은 시를 쓴다
시에는 정곡이 없다
승부가 없다
시인은 시만 쓰면 된다
끝장까지는 아직 모르겠다

대전의 노래

사통팔달 확 트인 한밭으로 오세요
식장산 아침 해 뜨기 전
대전은 이미 깨어나 움직여요
웃음이 있어요 인정으로 넘쳐요
한밭벌 넓어 넉넉해서 좋아요
우리는 사랑하니까

오가기 편해 반나절이면 족해요
동서남북 어디서나 통해요
만나서 도란도란 이야기해요
백제의 예술 문화 새로 키워요
갑천물 흘러흘러 바다로 가요
우리는 영원하니까

나라의 중심 한밭으로 오세요
걱정 털어놓고 거뜬한 마음
대덕연구단지 밤이 없어요
희망이 있어요 땀방울이 있어요
활기찬 대전에서 같이 살아요
우리는 행복하니까

제5부

2007. 07. ~ 2016. 05. 미발표 시

푯말

출구를 알리는 푯말 하나
자욱한 안개
화살표가 가늘게 떨고 있다
도착지 표시는 없다

푯말 밑에 피어있는 민들레
꽤 오래되어 백발이다
훅— 불면
사방으로 흩어질 태세다

안개가 걷히니
화살표가 선명하다
떠나야 하나
서성거려야 하나

낙서 落書

젊었을 적 주점에 가면
벽면 전부를
낙서판으로 제공하는 곳이 있었다

촌철살인 뺨치는 경구가 있고
인생을 알리는 격문과
청춘을 구사하는 문구도 빠지지 않았다
자욱한 담배연기 속
술잔 부딪치는 소리로 떠들썩했다

낙서는 자유다
나의 일상은 지겨울 만치 한가롭다
낙서를 한다
A4용지에 빽빽하다

의도적으로 할 때가 많다
낙서는 분명 낙서지만
그렇게 치부하기엔
나를 자학하는 것 같아
고급 낙서라고 격을 올리기로 한다

세수를 하며

이쑤시개를 즐겨 썼더니
치열에 틈이 생겼다
국수가닥이 들락날락할 만큼
벌어졌다
양치질하다가 몇 번을 헉 뱉어버린다
깊이 끼었던 음식찌꺼기가
참, 흉물스럽다

얼굴이 까칠까칠하다
며칠 세수를 안 한 것처럼 황당하다
보이지 않던 때가 끼어있었다
턱밑이 특히 그렇다
아무래도 개운치 않다
엄지와 집게손가락으로
턱뼈 부위를 연신 북북 민다

세수시간이 길어질 수밖에
시간은 넉넉해서 다행이지만
서글픈 구석이 어디 한두 가지랴

대화

봄의 끝자락
영산홍 꽃봉오리가
막 터지려고 전투 중입니다
치열한 싸움입니다

빛깔이 강렬합니다
승패와 관계없이
자생적으로
태어난 꽃이 있을 것입니다

눈치코치 보지 않고
착해서 고독한 꽃
만나야 합니다
대화하고 싶습니다

로맨스

싹둑싹둑
가지를 치며
점점 커지는 하늘

버릴까 말까 망설이다가
가차 없이 베어버릴 때의
이 후련함

가득 차 있음보다
조금 모자라다 싶을 때의
포만감

살다가 살다가
단순해지는
늘그막의 로맨스

눈물 한 점

사람들은 모여서 울고 있다
범벅이 된 눈물
그 혼한 눈물이 나는 왜 없을까
애먹었다
나중엔 무섭다는 생각
에라 모르겠다
침을 발랐다
아주 진하게
어릴 때의
이 놀라운 위장僞裝

뜨겁다
눈물 한 점

욕

헝클어져 풀리지 않을 때
답답할 때
맨 앞에 욕이 터져나온다
―씨발
욱하는 성미라서 그럴까
욕이 앞장선다
부끄러워할 줄도 모른다

새는 죽을 때
짹 하고 소리를 낸다
사람은 선한 말씀을 남긴다는데
나는 자신이 없다
욕이 입버릇으로 굳어버렸다
제발 그 욕이 나오거든
이 땅에서
마지막 애교로 받아주기를!

제비꽃

연미복을 한 제비가
바다 건너
먼먼 비행 중이다

삼월 삼짇날
이 땅에 상륙하다
전선줄에 앉아서
두리번거리다가 어디론가 떠나다

이 강산 구석구석 조감하다가
아름다운 산야
작은 것끼리 피어 있는 들꽃
그 곁에 있고 싶다

눈 딱 감고 비수처럼 꽂혀서는
수줍은 꽃이 피었다
제비꽃이 피었다

더 힘차게 펄럭이거라
　— 〈중도일보〉 창간 56주년에(2007.8.28.)

서해안 시대가 꿈틀거린다
기업이 들어서고
공장이 즐비하고
기계 돌아가는 소리가 우렁차다
한여름 따가운 햇볕에
벼이삭은 패고
익어서 더욱 단단하다
이 고장 쌀이
유럽으로 처녀수출 된다고 한다
세상이 변하고 있다

옛날에도 로봇은 있었다
만화가게에서 꿈으로만 있었다
그것이 현실로 되었다
로봇이 사람을 대신한다
손님과 악수도 나누고
구석구석 청소는 물론
광복절 행사 때 사회도 맡는다
그 로봇에게
"명예대전시민증"을 걸어주었다

우리 이웃이 된 것이다

행복도시가 미구에 태어나리라 한다
행복은 우리가 만들어야 한다
세상이 휙휙 바뀌고
그에 따라 바쁘게 움직인다
옳은 것을 옳다 하고
그른 것을 그르다고 하는 평범한 진리가
실종되어 가는 사회
무질서가 횡행하는 이즈음
중도의 깃발
더 힘차게 펄럭이거라

무량사 매미 소리

한여름
무량사 매미와 만났다
오랜 세월 땅속에 있다가
겨우 삼일 남짓 생을 마치는
매미 소리는 언제 들어도 애처롭다

졸졸 흐르는 계곡 물소리 따라
한결 시원하고
악쓰는 도시의 매미와는 차원이 다르다

서둘러라
넉넉한 건 아니다
무량한 시간 같지만 일순간이다
그 애절한 호소

산을 다녀온 며칠 후
우리집 아파트 방충망에
매미 한 마리 달라붙어서
무량사 매미 소리를 반복하고 있었다
순식간의 일이다

동행 同行

가장 가까이에서
그림자가 나를 따라다닌다
일거수일투족
하루 일과를 뻔히 알면서도
짐짓 모른 체할 때가 있다
아플 때 먼저 아파한 적이 없다
따라다니기 지겹지도 않느냐고
내가 호통을 친다

어둑어둑하다
가장 그림자가 길다
집으로 돌아가야지
내가 울먹일 때
왈칵 울음을 참는다
그만큼 착하다
내 옆 잠자리에 드러눕는다
하루의 피곤은 잊기로 한다

선반과 여행가방

우리 방에 선반 하나
잡동사니들이 놓여 있었다
내 눈이 쏠린 것은 누룽지였다
손이 까치발에 닿지 않아
아버지에게 구원을 청했다
병석에 누워 있던 어머니는
버릇이 나빠진다며 극구 말리셨다
그날의 촌극이 주마등 같다

머릿속에 자리 잡고 있는 그 선반에는
내가 살아온 잡동사니들로 가득하다
이제 하나 둘 내려놓을 차례
유독 여행가방에 눈이 끌린다
무엇이 들어있기에 육중해 보일까
그 안에는 허무가 가득가득 차 있다
자칫 실수라도 하여
그 무게로 압살당하는 것 아닌가
공연히 밤을 지새울 때가 있다

제6부

2016. 05. ~ 2016. 06. 발굴시

미싱을 돌리며

제사람이 참 오랜만에 / 미싱을 돌린다
침침한 눈에
바늘 (구멍에) 실 꿰미기가 어디 쉬운가
몇 번 실도 끝에
미싱이 돌아간다
> 돌돌 돌아가는
  동학사 계곡 물소리 같고
  창틈 귀뚜리 소리로도 들린다
> 작은 키가 더 작아졌고 한다
  옷이 헐렁 헐렁하다고 한다
  몸에 맞게
> 줄이고 줄이고 수선 중이다
  밤이 늦었구나
  저 미싱 돌리는 폼이 다소곳하다
  다소곳하다 돌려
  고저녁 스럼 다
  아내

미싱을 돌리며

집사람이 참 오랜만에
미싱을 돌린다
침침한 눈에
바늘구멍에 실 꿰기가 어디 쉬운가
몇 번 실패 끝에
미싱이 돌아간다

돌돌 돌아가는
동학사 계곡 물소리 같고
창틈 귀뚜리 소리로도 들린다

작은 키가 작아졌고
옷이 헐렁헐렁하다고 한다
몸에 맞게
줄이고 좁히고 수선 중이다

많이 늙었구나
저 미싱 돌리는 폼이 다소곳하다
아니 고즈넉스럽다

마을

옹기종기
노랗게 살아가는 마을이 있다

기웃거리지 마라
곧게 자라라

가볍게
더 가벼워져라

서로가 다독거리며 사는
떠나리
민들레 마을이 있다
라는

마을

옹기종기
노랗게 살아가는 마을이 있다

기웃거리지 마라
곧게 자라라

가볍게
더 가벼워져라

서로가 다독거리며 사는
민들레라는 따스한 마을이 있다

주량(酒量)

주량이 얼마냐고 물으면
좀 하느냐 어물어물 넘겼다
그 주량이 놀랄만큼 줄었다
소주 반 병이 청량이 되었다

냉장고 열고
마른 멸치를 고추장에 찍어 먹는
그 맛이 쏠쏠하다

무슨 청승으로 혼자 마시냐고
핀잔하는 사람 있지만
그건 모르는 소리
독작해 보면 안다

혼자 따르고 / 혼자 마신다
외얍이 있을 수 없다 ~~...~~
~~...~~
~~...~~

주랑이 줄어서 ~~...~~ 너무 좋지만
사랑을 빼앗긴 것 같아
~~...~~ 아쉽 ~~...~~
술맛이 있어 행복하다

주량 酒量

주량이 얼마냐고 물으면
좀 한다고 어물어물 넘겼다
그 주량이 놀랄 만큼 줄어서
소주 반 병이 정량이 되었다

냉장고 열고
마른멸치를 고추장에 찍어 먹는
그 맛이 쏠쏠하다

무슨 청승으로 혼자 마시느냐고
핀잔하는 사람이 있지만
그건 모르는 소리
독작해 보면 안다

혼자 따르고
혼자 마신다
외압이 없다
생각하며 마신다

주량이 줄어서 서글프지만
사랑을 빼앗긴 것 같지만
술맛이 있어 아직은 행복하다

첫 걸음

천리길도 첫 걸음으로 시작한다는데
그 첫 걸음이 무렵다.
우뚝 서 있을 수가 없습니다 한발짝 떼기가
엉금엉금 / 무섭다
보듬엇주줌 좋인하나 차줌 ⊙
앙금방아 수없이 주저 앉아기
넘어지다가
마침내 해 냈다.
그 안감함
엉거주춤 서는 대안
일주일
반 달쯤 되어서야
한 걸음 겨우 뗄 수가 있었다
그날의 환희여
만리붕정 (충.몰 11음 처음)
감격이여 떠나면 길 다시 시작이다.

안쓰람 감임

첫걸음

천리 길도 첫걸음으로 시작한다는데
그 첫걸음이 두렵다
우선 서있을 수가 없다
한 발짝 떼기가 무섭다

엉덩방아 수없이 주저앉다가
넘어지다가
마침내 해냈다
그 안간힘
엉거주춤 서는 데만
일주일
반달쯤 되어서야
한 걸음 겨우 뗄 수가 있었다

그날의 환희여
감격이여
만리붕정萬里鵬程
머나먼 길 다시 시작이다

시집(詩集)을 시집보낸다
~~시집(詩集)을 시집보낸다~~
딸 시집 보낼 때는
섭섭함 반 시원함 반
반반이었는데
오늘은 ~~울컥~~ 다르구나
마지막 시집이라는 생각에
왈칵 섭섭함이 달라붙는다
짧은 인생
길게 살았다
(여기) 한 몫 거들었다 (한 몫 거든 셈이다)
이제는 서둘 필요도 없다.
~~공주댁 낳은이~~ ~~공주댁 땋은~~
~~공주댁 말발이다~~
~~욕을 서둘 묶어서 시집 보내는 날이다~~
          오늘은
오늘 ~~시집을~~ 시집 보낸다
서를 묶어 ~~오늘~~

시집보낸다

시집詩集을 시집보낸다

딸 시집보낼 때는
섭섭함 반 시원함 반
반반이었는데
오늘은 좀 다르구나
마지막 시집이라는 생각에
왈칵 섭섭함이 달라붙는다

짧은 인생
길게 살았다
시가 한몫 거든 셈이다
이제는 서둘 필요가 없다

오늘 시를 묶어서 시집보낸다

첩첩 산에 오르다

첩첩 산에 오릅니다
물로 혼자 입니다
희미하게 마을이 보이더니
이내 꿈이 졌습니다
개 짖는 소리도 없읍니다
새들조도 다른 산으로 옮겼는지
적막이 흐릅니다
꽃은 나무 아래 숨어 버렸습니다
바람만 세게 불어 댑니다
이 산에는 / 나 혼자인 것 같습니다

육중한 덩치에 반했고
여간해서는 미동도 하지 않은

2 믿음 때문에 / 산을 사랑하게 되었습니다
전부를 버리기로 했습니다
아직 남아 있는
작은 욕심을 빼입니다.

첩첩산에 오르다

첩첩산에 오릅니다
물론 혼자입니다
희미하게 마을이 보이더니
이내 끊어졌습니다
개짓는 소리도 없습니다
새들도 다른 산으로 옮겼는지
적막이 흐릅니다
꽃은 나무 아래 숨어버렸습니다
바람만 세게 불어댑니다
이 산에는
나 혼자인 것 같습니다
육중한 덩치에 반했고
여간해서는 미동도 하지 않을
그 믿음 때문에
산을 사랑하게 되었습니다
전부 버리기로 했습니다
아직 남아있는 작은 욕심을 말입니다

별명

나는 삼식입니다
본명은 아니고 남들이 붙인 이름입니다
별 하는 일 없으나
집에서만
또박또박 세 끼를 먹어치웁니다
삼식이라는 별명을 가진 사람이
점점 늘어난다고 합니다
안타까운 일입니다
안 사람의 눈치는 어떻습니까
밉다는 감정이 왜 없겠습니까
허리만 우리는 부부입니다.

별명

나는 삼식입니다
본명은 아니고 남들이 붙인 이름입니다
별 하는 일 없이
집에서만
또박또박 세 끼를 먹어치웁니다
삼식이라는 이름 가진 사람이
점점 늘어난다고 합니다
안타까운 일입니다
안사람의 눈치는 어떻습니까
밉다는 감정이 왜 없겠어요
하지만 우리는 부부입니다

구름에게 함께

겨울 소파에 둘러누웠더니
하늘이 한눈에 들어온다
~~눈~~ 아래 홀연히 구름이 나타났다
다도해에 떠 있는 섬이었다가
동남아로 ~~동남아로~~ 하루 보냈다가
먼 ~~하늘까지~~ 어디론가 표류하고 있었다

비가 주룩주룩 오실 때
함박눈이 소롱소롱 ~~오실 때~~ 내리실 때
모두가 하늘의 것으로 앉았다
그렇게 ~~울려으래~~ 많고 ~~앉았다~~
~~그래 —~~ 살았다
~~그래 어디나 구름이었다~~

1 하늘에 잠깐 머물었면 ~~구름이었~~
2 이렇게 잡산이 ~~있으니~~   어떻게 집안이 자유로운 구름
~~하구름에~~ 3 2 신비로 ~~들어와 있음~~
~~하구름~~   ~~날아, 구름 날을 개~~
1 신줄 것 같 (작아서 못있었) ~~하늘~~ 구름과 ~~구름과 날아 놀았다~~
~~어~~ ~~구름과 함께~~ 놀기로 한다. 하늘 중앙 놀음을 한다
~~하늘~~ 하양 창양 오늘은   놀아주기로

구름과 함께

거실 소파에 드러누우니
하늘이 한눈에 들어온다
홀연히 구름이 나타났다
다도해에 떠있는 섬이었다가
동남아로 모였다가
먼 대륙으로 표류하고 있었다

비가 주룩주룩 오실 때
함박눈이 조용조용 내리실 때
모두가 하늘의 짓으로 알았다
그렇게 믿고 싶었다

잠깐 머물면서
이합집산이 자유로운 구름
그 신비로움
신출귀몰神出鬼沒하는 구름과
놀기로 했다

코스모스에게

바람 없이도 하늘거린다
가을이 와서 높아진 하늘
하늘과 땅 사이
너무 ~~멀구나~~ 너무 멀어졌구나
더 소통하라고 한다
더욱 흔들라고 한다
지상의 ~~작은~~ ~~꽃들~~ 에게
연방 신호를 ~~보냈다~~
　　　　보내는 중
　　　　　　이다.

가을이 와서
높아진 하늘   〈 땅과 사이가
　　　　　　　너무 멀어졌구나
바람이 와서
더 소통하라고 한다

작은 손을
더욱 흔들라고 한다.

코스모스에게
연방 신호를 보낸다.

코스모스에게

가을이 와서
높아진 하늘

땅과 사이가
너무 멀어졌구나

바람이 와서
더 소통하라고 한다

작은 손을
마구 흔들라고 한다

코스모스에게
연방 신호를 보낸다

(illegible handwritten notes)

곡선 曲線

도시는 거의가 직선이다
건물이 그렇고
도로도 시원시원하다

시골은 곡선이 많다
논두렁이 밭두렁이 그렇고
산의 능선은 모두 곡선이다

직선은 곡선이 부럽다
곡선과 직선이 만나서
파라다이스가 된다

짧은 동거

1 (오랜 밭앞에
   살아 있어서 동거가 되는 건
   동거
   ~~한갓 높은 필름이~~
   ~~우리 사이간다.~~

2 (제자리에는 잎 ~~받았지~~ 받았지
   싼마 나는 잎도 더러 있었고
   있었다

3 (동감 앞에
   한 자리에 ~~너무 오래 있어서 머물었어~~
   ~~많이 머문 것 같지 않~~

   자리를 비울 때가 된 것 같아
   아무렴, 살아 있어서 고맙네.
   살아 있어, 그맘에
   ~~자리를 비켜줄 때가 된 것 같아~~
   주어지

   ┌─────────────────────────────┐
   │ 비록되, 자리를 비켜 줘야지.   │
   │ 이렇 살아 있어 고맙네   │
   │   자리를 비울 때가 됐지   │
   └─────────────────────────────┘

짧은 통화

오랜만일세
살아있어서 통화가 되는군

짜증나는 일 많았지
살맛나는 일도 더러 있었다

동감일세
한자리에 너무 오래 머물렀어

아무렴,
자리를 비울 때가 됐지

| 발문 |

선생님의 유작을 묶으며

황희순(시인)

"내가 죽거든 발표 않고 버려둔 시를 유고시라고 내돌리면 절대 안 된다."

선생님 떠나신 날이 엊그제 같은데 벌써 2주기가 지나갔다. 생전에 여러 번 하셨던 말씀을 떠올리며 컴퓨터에 저장된 글들을 꺼내 뒤적거리기 시작했다. '그거 없애라니까 아직도 놔둔 거여?' 선생님 음성이 생생하게 들리는 듯했지만 지우지 못하고 더 깊이 숨겨놓았다. 지구상에서 나밖에 모르는 이 유작들을, Delete 키 몇 번만 누르면 사라질 선생님의 이 숨결들을, 정말 지워야 하나? 몇 번이고 몇 번이고 고민했다.

고민하다가 선생님의 제자인 시인이며 평론가인 리헌석 씨에게 생전에 하신 말씀과 유작 이야기를 어렵게 꺼냈다. 말이 끝나자마자 그는, 아무리 그렇게 말씀하셨어도 시집으로 묶는 게 좋겠다며, 자신이 그걸 보관하고 있었다면 망설이지 않고 한 글자도 지우지 않고 묶을 거라고 했다.

하긴, 언제 다시 선생님의 새로운 시를 볼 수 있겠는가. 시에 대한 선생님의 결벽성과 여러 차례 하신 말씀 때문에 세상에 내놓을 생각을 여태 않고 있었지만, '임강빈 시인'을 그리워하거나 기억하는 이들을 위해 이제 결정을 내려야 할 때가 된 듯했다.

하여 20여 년 전인 1997년부터 저장해 둔 유작 100여 편(8시집에서 제외된 시, 9시집에서 제외된 시, 10시집에서 제외된 시, 11시집에서 제외된 시, 12·13시집에서 제외된 시)을 한편 한편 깊이 챙겨보았다. 프린트해 드린 시들이지만 모두 새로워서, 선생님을 만난 듯 읽는 내내 즐거웠다. 타임머신을 타고 선생님과 시간여행을 한 셈이다.

선생님 주머니엔 여러 번 접은 A4 용지가 항상 들어있었다. 그 종이엔 완성되었거나 퇴고 중인 시가 적혀 있었고, 완성되었다 싶으시면 읽어보라며 내놓으셨다. 나는 그 시를 가져와 〈임강빈선생님방〉에 저장한 후 프린트해서 가져다드리곤 했다.

내 컴퓨터에 선생님 시를 저장하기 시작한 건, 1997년 일곱 번째 시집『버들강아지』발간 직후부터 2007년 열한 번째 시집 발간 이후까지였다. 시집 낼 때마다 모아둔 원고를 정리해 출판사에 파일을 넘겨주곤 했다. 그 이전인 1993년 여섯 번째 시집『버리는 날의 반복』발간도 내 손을 거쳤고 마지막 시집『바람, 만지작거리다』도 꼼꼼하게 교정을 봐 드렸으니, 꽤 오랜 세월 동안 선생님 시의 첫 독자로서 즐거움을 누렸다.

결심을 하고 나니 후련하다. 선생님도 생전에 잊고 계셨을지 모를 시 94편과, 마지막 시집 발간 이후 2개월 동안 쓰신 11편의 시(돌아가시기 닷새 전, 시집 내고 시 10편은 썼다 하신 말씀 따라

유품 속에서 찾아냄)를 함께 묶는다. 그리고 기력이 다할 때까지 펜을 놓지 않으신 흔적/육필을 시와 나란히 싣는다. 시집 제목은, '어릴 때 어머니가 돌아가셨는데 눈물이 안 나오더라'는 말씀이 기억 나, 유고시「눈물 한 점」의 한 구절을 가져와『나는 왜 눈물이 없을까』로 정했다. 모든 정리가 끝났으니 이제 또 다시 선생님과 작별해야 한다.

유고시집은 없을 터이니 당신의 마지막 시집이라 여기시고, 돌아가시기 두 달 전에 나온 시집『바람, 만지작거리다』를 지인들에게 발송하는 일까지 말끔히 마치신 거 같다.
이승의 일은 산 사람들 몫이니 나무라셔도 어쩔 수 없는 일이다.
버리라고 하신 말씀 어긴 이 후학을 부디 용서해 주시기를…….

"…… 꽃을 보려고 사람들은 다투어 모여든다. 처음엔 오솔길이다가 나중엔 큰 길이 생긴다. 나도 그 길을 따라 나서지만 아직도 그 실체를 모른 채 첩첩산중을 헤매고 있는 꼴이다."(2000)
선생님의 여덟 번째 시집『비 오는 날의 향기』'시인의 말' 부분이다. 이제는 실체를 아시고 이승에선 느낄 수 없을 평안을 찾으셨으리라.
선생님의 명복을 두 손 모아 간절히 빈다. ◈

2018년 11월 7일

●●● 문학사랑 시인선 ●●●

001	전태익	눈빛 닿는 곳마다
002	리헌석	갈채하는 숲
003	상동규	수직으로 일어서면 수평으로 눕는 바다
004	정재권	대나무를 충고한다
005	조남익	기다린 사람들이 온다
006	정진석	아름답고 향기로운 사람꽃
007	양태의	혼자 우는 뒷북
008	리헌석	섬버위
009	이순조	하늘 닮은 사랑
010	김명배	몸 밖에 마음 두고
011	김기양	김기양의 허수아비
012	경흥수	솔바람의 향기
013	이완순	세상 위에 나를 그리다
014	오희용	이야기 나무
015	곽우희	여전히 푸르고
016	조근호	바람의 동행
017	김영우	길 따라 물길을 따라
018	조남익	광야의 씨앗
019	지봉성	고도
020	이근풍	아침에 창을 열면
021	나이현	들국화 향기 속에
022	이영옥	길눈
023	전성희	당신의 귀가 닫힌다
024	김기원	행복 모자이크
025	김영수	소쩍새 한 마리
026	고덕상	고요한 기다림
027	권상기	초록빛 그리움
028	김주현	분명한 모순
029	김해림	멈추지 않는 발걸음으로
030	김영우	갈맷길을 걸으며
031	이완순	海印을 찾다
032	엄기창	춤바위
033	장덕천	싸구려와 친구하다

문학사랑시인선 65
나는 왜 눈물이 없을까

1판 1쇄 2019년 1월 12일

지은이 임강빈
펴낸이 李憲錫
펴낸곳 오늘의문학사
출판등록번호 제55호(1993년 6월 23일)
주소 34623 대전 동구 대전로867번길 52 401호(한밭오피스텔)
전화 (042)624-2980
팩시밀리 (042)628-2983
전자우편 hs2980@hanmail.net

공급처 한국출판협동조합
주문전화 (070)7119-1752
팩시밀리 (031)944-8234~6

ⓒ임강빈. 2019
ISBN 978-89-5669-979-0

값 12,000원

* 이 책은 교보문고에서 eBook(전자책)으로 제작·판매합니다.
* 잘못 제작된 책은 바꾸어드립니다.